DÉCRETS

du 13 Août 1911 et du 25 Septembre 1913

PORTANT RÈGLEMENT GÉNÉRAL

SUR

L'EXPLOITATION

DES

MINES DE COMBUSTIBLES

(EXTRAITS)

PARIS

35, RUE SAINT-DOMINIQUE, 35

1922

DÉCRETS

du 13 Août 1911 et du 25 Septembre 1913

PORTANT RÈGLEMENT GÉNÉRAL

L'EXPLOITATION DES MINES DE COMBUSTIBLES

(Extraits)

—————•—◄—►—•—————

INSTALLATIONS DE LA SURFACE

Locaux.

Art. 2.

Les carreaux des mines doivent être efficacement séparés des propriétés voisines par des murs, clôtures ou fossés.

Il est interdit d'y circuler sans autorisation de l'exploitant.

Art. 4.

Nul ne peut pénétrer dans les bâtiments et locaux de service s'il n'y est appelé par son emploi ou autorisé par l'exploitant.

Art. 5.

Les emplacements affectés au travail doivent être tenus dans un état constant de propreté et présenter les conditions d'hygiène et de salubrités nécessaire à la santé du personnel.

Ils doivent être aménagés de manière à garantir la sécurité des travailleurs.

Art. 6.

Les travaux dans les puisards, conduites de gaz, canaux de fumée, fosses d'aisances, cuves ou appareils quelconques pouvant contenir des gaz délétères ne sont entrepris qu'après que l'atmosphère a été assainie par une ventilation efficace, à moins qu'il ne soit fait usage d'appareils respiratoires.

Art. 9.

Les ouvriers ou employés ne doivent pas prendre leurs repas dans les locaux affectés au travail, à moins d'une autorisation spéciale donnée par le service local.

Art. 10.

Des cabinets d'aisance doivent être installés au jour. Leur nombre est d'un au moins par cinquante ouvriers occupés au fond, au poste le plus chargé.

Les cabinets d'aisances ne doivent pas communiquer directement avec les locaux fermés où le personnel est appelé à séjourner. Ils sont éclairés, aérés et aménagés de manière à ne dégager aucune odeur ; le sol et les parois sont en matériaux imperméables.

Les cabinets d'aisance sont tenus constamment propres ; il est interdit de les salir.

Ateliers.

Art. 13.

· Les moteurs mécaniques de toute nature ne doivent être accessibles qu'aux ouvriers affectés à leur surveillance. Ils sont isolés par des cloisons ou barrières de protection.

Les passages entre les machines, mécanismes, outils mus par ces moteurs, doivent avoir une largeur d'au moins 80 centimètres ; le sol des intervalles est nivelé.

Les escaliers doivent être solides et munis de fortes rampes.

Les puits et les trappes, ainsi que les cuves, bassins ou réservoirs de liquides corrosifs ou chauds, sont pourvus de solides barrières ou garde-corps.

Les échafaudages sont munis, sur toutes leurs faces, de garde-corps rigides de 90 centimètres au moins, à moins que les ouvriers ne fassent usage de ceintures de sûreté.

Art. 14.

Les monte-charges, ascenseurs, élévateurs sont guidés et disposés de manière que la voie de la cage du monte-charge et des contre-poids soit fermée ; que la fermeture du puits à l'entrée des divers étages soit assurée automatiquement ou par enclenchement ; que rien ne puisse tomber du monte-charge dans le puits.

Pour les monte-charges destinés à transporter le personnel, la charge doit être calculée au tiers de la charge admise pour le transport des marchandises ; les monte-charges doivent être pourvus de freins, chapeaux, parachutes ou autres appareils préservateurs.

Les appareils de levage portent l'indication du maximum du poids qu'ils peuvent soulever.

Art. 15.

Toutes les pièces saillantes mobiles et autres parties dangereuses des machines, et notamment les bielles, roues, volants, les courroies et câbles, les engrenages, les cylindres et cônes de friction ou tous autres organes de transmission qui seraient reconnus dangereux doivent être munis de dispositifs protecteurs, tels que gaines et chéneaux de bois ou de fer, tambours pour les courroies ou les bielles, ou de couvre-engrenages, garde-mains,.grillages.

Les machines-outils à instruments tranchants, tournant à grande vitesse, telles que machines à scier, fraiser, raboter, découper, hacher, les cisailles et autres engins semblables sont disposés de telle sorte que les ouvriers ne puissent, de leur poste de travail, toucher involontairement les instruments tranchants.

Sauf le cas d'arrêt du moteur, le maniement des courroies est toujours fait par le moyen de systèmes tels que monte-courroie, porte-courroie, évitant l'emploi direct de la main.

On doit prendre autant que possible des dispositions telles qu'aucun ouvrier ne soit habituellement occupé à un travail quelconque dans le plan de rotation ou aux abords immédiats d'un volant, d'une meule ou de tout autre engin pesant et tournant à grande vitesse.

Toute meule tournant à grande vitesse doit être montée ou enveloppée de telle sorte qu'en cas de rupture ses fragments soient retenus, soit par les organes du montage, soit par l'enveloppe.

Une inscription très apparente, placée auprès des volants, des meules et de tout autre engin pesant et tournant à grande vitesse, indique le nombre de tours par minute qui ne doit pas être dépassé.

Art. 16.

La mise en train et l'arrêt des machines d'atelier doivent être toujours précédés d'un signal convenu.

Art. 17.

L'appareil d'arrêt des machines motrices d'atelier doit toujours être placé sous la main des conducteurs qui dirigent ces machines et en dehors de la zone dangereuse prévue à l'article 15, paragraphe 4.

Les contre-maîtres ou chefs d'ateliers, les conducteurs de machines telles que les machines-outils, doivent avoir à leur portée le moyen de demander l'arrêt des moteurs.

Chacune de ces machines est, en outre, installée de manière que le conducteur puisse l'isoler de la commande qui l'actionne.

Art. 18.

Il est interdit de nettoyer et de graisser pendant la marche les transmissions et mécanismes dont l'approche serait dangereuse.

En cas de réparation d'un organe mécanique quelconque, son arrêt doit être assuré par un calage convenable de l'embrayage ou du volant ; il en est de même pour les opérations de nettoyage qui exigent l'arrêt des organes mécaniques.

Art. 19.

Les ouvriers et ouvrières qui ont à se tenir près des machines doivent porter des vêtements ajustés et non flottants.

Art. 20.

Il est interdit de préposer à la conduite des chaudières et des machines motrices à vapeur des ouvriers de moins de dix-huit ans.

Art. 21.

Les sorties des ateliers sur les cours, vestibules, escaliers et autres dégagements intérieurs doivent être munies de portes s'ouvrant de dedans en dehors ou de portes roulantes. Ces sorties doivent être assez nombreuses pour permettre l'évacuation rapide de l'atelier ; elles doivent être toujours libres et jamais encombrées de matières en dépôt ni d'objets quelconques.

Le nombre des escaliers est calculé de manière que l'évacuation de tous les étages d'un corps de bâtiment contenant des ateliers puisse se faire immédiatement.

Dans les ateliers occupant plusieurs étages, la construction d'un escalier incombustible peut, si la sécurité l'exige, être prescrite par le service local.

Les récipients pour l'huile et le pétrole servant à l'éclairage sont placés dans des locaux séparés des ateliers et jamais au voisinage des escaliers.

INSTALLATIONS ÉLECTRIQUES

Art. 25.

Les installations électriques doivent comporter des dispositifs de sécurité en rapport avec la plus grande tension de régime existant entre les conducteurs et la terre.

Suivant cette tension, les installations électriques seront classées en deux catégories.

Première catégorie.

A. *Courant continu.* — Installations dans lesquelles la plus grande tension de régime entre les conducteurs et la terre ne dépasse pas 600 volts.

B. *Courant alternatif.* — Installations dans lesquelles la plus grande tension efficace entre les conducteurs et la terre ne dépasse pas 150 volts.

Deuxième catégorie.

Installations comportant des tensions respectivement supérieures aux tensions ci-dessus.

Art. 31.

Les salles des machines génératrices d'électricité et les sous-stations doivent posséder un éclairage de secours continuant à fonctionner en cas d'arrêt du courant.

Art. 33.

Aucun travail n'est entrepris sur des conducteurs de la première catégorie en charge, sans que des précautions suffisantes assurent la sécurité de l'opérateur.

Des dispositions doivent être prises pour éviter l'échauffement anormal des conducteurs à l'aide de coupe-circuits, plombs fusibles ou autres dispositifs équivalents.

Toute installation reliée à un réseau comportant des lignes aériennes de plus de 500 mètres doit être suffisamment protégée contre les décharges atmosphèriques.

ART. 35.

Il est formellement interdit de faire exécuter aucun travail sur les lignes électriques de la deuxième catégorie, sans les avoir, au préalable, coupées de part et d'autre de la section à réparer. La communication ne peut être rétablie que sur l'ordre exprès du chef de service ; ce dernier doit avoir été au préalable avisé par chacun des chefs d'équipe que le travail est terminé et que le personnel ouvrier est réuni au point de ralliement fixé à l'avance.

Pendant toute la durée du travail, la coupure de la ligne doit être maintenue par un dispositif tel que le courant ne puisse être rétabli que sur l'ordre du chef de service.

Dans les cas exceptionnels où la sécurité publique exige qu'un travail soit entrepris sur des lignes en charge de la deuxième catégorie, il ne doit y être procédé que sur l'ordre exprès du chef de service et avec toutes les précautions de sécurité qu'il indiquera.

ART. 36.

Il est interdit de faire exécuter des élagages ou des travaux analogues pouvant mettre directement ou indirectement le personnel en contact avec des conducteurs ou pièces métalliques de la deuxième catégorie, sans avoir pris des précautions suffisantes pour assurer la sécurité du personnel par des mesures efficaces d'isolement.

PUITS ET GALERIES DÉBOUCHANT AU JOUR, PUITS INTÉRIEURS

Puits.

ART. 42.

Les orifices au jour des puits et des galeries d'une inclinaison dangereuse, sur lesquels n'existe pas à la surface de surveillance ou de service continu, doivent être défendus par une clôture efficace.

Sauf dérogation accordée par le sercice local, les orifices au jour des autres galeries, lorsque ces orifices ne sont pas gardés, doivent être munis d'une porte qui, tout en pouvant s'ouvrir librement de l'intérieur, ne peut s'ouvrir de l'extérieur qu'à l'aide d'une clef.

ART. 43.

Les orifices au jour des puits et des galeries d'une inclinaison dangereuse, lorsque ces puits ou galeries sont en service continu, seront clos ou munis de barrières disposées de façon à empêcher la chute des hommes et du matériel. Seront disposées de même à l'intérieur les ouvertures intérieures de tout puits, ainsi que de toute fendue ou cheminée.

Dans tout puits où se fait, par cages guidées, l'extraction, le service des remblais ou la circulation du personnel, les barrières aux étages en service normal seront munies de dispositifs tels que leur fermeture soit assurée par des moyens automatiques ou par enclenchement tant que la cage n'est pas à la recette. Les barrières des autres recettes seront, à défaut de fermetures automatiques ou par enclenchement, soit cadenassées, soit tenues fermées et gardées par un ouvrier spécialement commissionné à cet effet. Les dispositions qui précèdent sont applicables aux balances ou monte-charges souterrains, sauf aux étages inférieurs, lorsqu'il n'y a pas au-dessous de vides dangereux.

Art. 44.

Toute recette, à la surface et au fond, doit être munie, dans les puits non guidés, d'une barre en fer solidement fixée, qui puisse servir de point d'appui au receveur pendant les manœuvres.

Art. 45.

Les ouvriers effectuant des manœuvres, soit entre les barrières et le puits, soit aux abords des puits, en cas de suppression momentanée des barrières, doivent être munis de ceintures de sûreté.

Art. 46.

Tout puits dont la profondeur est telle que la communication à la voix ne puisse s'effectuer régulièrement doit être muni de moyens de communication permettant l'échange de signaux entre chaque recette et la surface.

Les signaux à échanger pour les diverses manœuvres sont affichés d'une façon permanente tant à la surface qu'au fond.

Ils doivent être établis de façon à éviter toute confusion entre ceux qui se rapportent aux diverses recettes.

Art. 48.

Pendant toute la durée du service, la recette à la surface, la nuit, et les recettes intérieures doivent être bien éclairées par des lumières fixes.

ART. 5o.

Les réparations dans les puits se font au moyen d'une cage, d'une benne ou d'un plancher de travail, établis dans des conditions qui garantissent les ouvriers contre les chutes.

A défaut d'un dispositif satisfaisant à ces conditions, aucun travail de réparation ne pourra être exécuté sans l'emploi, par les ouvriers, d'une ceinture de sûreté.

ART. 5I.

Les treuils mus à bras d'homme doivent être munis d'un cliquet ou d'un appareil équivalent ; les manèges, d'un frein ou d'une fourche traînante ; les treuils à moteur mécanique, de dispositifs permettant d'immobiliser les câbles.

Circulation dans les puits.

ART. 53.

Le compartiment des échelles est séparé par une cloison du compartiment d'extraction ; il est aussi séparé de celui d'épuisement lorsque l'épuisement se fait par maîtresse tige.

Par exception, dans les puits de faible profondeur et de faible section, les échelles peuvent être placées dans le compartiment d'extraction, mais la circulation par les échelles et le service de l'extraction ne peuvent pas avoir lieu simultanément.

Les échelles placées dans les retours d'air généraux des mines à grisou ou à feux ne peuvent être employées pour la circulation normale du personnel.

ART. 55.

Il est interdit dans la circulation par les échelles de porter à la main, la lampe exceptée, des outils et objets lourds quelconques qui, par leur chute, pourraient produire des accidents.

Ces outils et objets doivent être fixés au corps ou portés dans un sac solidement fixé aux épaules.

Si des échelles sont temporairement hors d'usage, des dispositions sont prises pour que nul ne puisse y circuler, sauf pour les réparer.

ART. 56.

Une consigne, qui sera affichée en permanence aux abords du puits, fixe les conditions de la circulation du personnel et, notamment, le nombre de personnes qui peuvent être transportées par cordées ; les heures d'entrée et de sortie ; les mesures auxquelles les ouvriers doivent se soumettre pour le maintien de la sécurité et du bon ordre ; les conditions de la circulation des enfants au-dessous de seize ans ; la vitesse maximum de translation, et, s'il y a lieu, les points de ralentissement.

En aucun cas, la vitesse de translation ne doit dépasser 10 mètres par seconde. Si la circulation s'effectue exclusivement par un câble, il en est fait mention dans la consigne.

Des signaux spéciaux doivent être faits en cas de translation du personnel et notamment pour éviter les mouvements prématurés de la cage.

Art. 57.

A chaque recette, l'entrée et la sortie du personnel s'opèrent sous la surveillance d'un préposé spécialement désigné à cet effet ; les ouvriers sont tenus de se conformer à ses instructions.

Aux recettes intérieures, une chaîne est placée à hauteur de ceinture, à 2 mètres au moins des bords du puits ; les ouvriers ne peuvent la dépasser que lorsque leur tour sera venu de monter dans la cage.

Art. 58.

Pendant la circulation du personnel par un des câbles, l'autre câble ne peut être utilisé que pour le transport du personnel ou du matériel vide.

Toutefois des dérogations à cette prescription peuvent être accordées par le service local lorsqu'elles sont nécessitées par l'équilibrage des charges.

La cage descendant le personnel ne peut contenir, en outre des ouvriers, que leurs outils et des wagons vides ; celle par laquelle remonte le personnel ne peut contenir des wagons chargés aux mêmes étages que le personnel.

Art. 59.

Le service de la machine, pendant tout le temps que dure la circulation du personnel, est assuré par un mécanicien et un aide-mécanicien.

· Lorsque cette circulation est peu importante ou exceptionnelle, il suffit que le mécanicien, tout le temps qu'elle dure, soit assisté d'une personne capable d'arrêter le mouvement de la machine en cas de besoin. Il en est de même dans les puits en fonçage.

Les dispositions du présent article ne s'appliquent pas aux appareils d'extraction pourvus de dispositifs automatiques tels que la vitesse de la cage à l'arrivée au jour ne puisse dépasser 1 mètre par seconde et que la cage ne puisse monter jusqu'aux molettes.

ART. 60.

Durant toute circulation du personnel, il est interdit aux receveurs des recettes ainsi qu'aux mécaniciens de quitter leur poste pour quelque motif que ce soit. Le mécanicien doit pouvoir à tout instant agir sur le levier de changement de marche, le régulateur ou le frein : le frein doit être serré pendant que la cage est à la recette.

ART. 61.

Les cages à guidage rigide par lesquelles circule normalement le personnel doivent être munies de parachutes et de mains courantes ; les cages sont construites de façon à empêcher toute chute de personne hors de la cage et à éviter que des objets extérieurs ne puissent en tombant pénétrer dans la cage.

Les parachutes peuvent être calés pendant l'extraction des produits ou la descente des remblais ou du matériel.

Les cages doivent être agencées de telle sorte que si elles viennent à être immobilisées accidentellement en un point quelconque de leur parcours, les ouvriers puissent en être retirés.

ART. 62.

Dans les puits non guidés, le personnel ne peut circuler que sur le fond des bennes, à moins d'être relié par une ceinture de sûreté au câble ou au dispositif de suspension.

La ceinture de sûreté est obligatoire dans tous les cas lorsqu'on emploie des bennes de 80 centimètres de profondeur.

Sauf dans les puits en fonçage, les bennes par lesquelles circule normalement le personnel doivent être munies d'un chapeau d'un diamètre au moins égal à celui de la benne ; ce chapeau sera disposé de manière à rester à 1^m50 au moins au-dessus de la benne.

Les dispositions nécessaires sont prises au jour et aux recettes intérieures pour assurer la sécurité de l'entrée et de la sortie.

ART. 63.

Dans les puits en fonçage, les bennes non guidées ne peuvent jamais être remplies à plus de 20 centimètres du bord.

Les objets qui dépassent le bord de la benne doivent être attachés aux chaînes ou aux câbles.

PLANS INCLINÉS

Art. 64.

Les poulies des plans inclinés automoteurs doivent être munies d'un frein à contrepoids normalement serré ; il est interdit de caler l'appareil dans la position de desserrage.

Les treuils des plans inclinés avec moteurs et ceux des descenderies sont disposés conformément aux prescriptions de l'article 51.

Des dispositions doivent être prises pour éviter que le freineur, à sa place de manœuvre, puisse être atteint, soit par les wagons qu'il manœuvre, soit par les câbles en mouvement.

Art. 65.

La recette supérieure du plan et les recettes intermédiaires sont normalement fermées par des taquets, barrières, chaînes ou traverses, de manière à prévenir la chute des hommes et à empêcher les véhicules de pénétrer inopinément sur le plan ; les wagons ne doivent pouvoir être mis en mouvement que sous l'impulsion volontaire de l'ouvrier chargé de leur manœuvre.

Les crochets d'attelage sont disposés de façon à ne pas se détacher pendant la marche.

Art. 66.

Les galeries dans lesquelles débouchent des plans inclinés, des descenderies ou des cheminées, doivent être protégées par des moyens appropriés, de façon que les hommes qui s'y trouvent ne puissent être atteints par des wagons ou autres objets.

Dans les descenderies en fonçage ou dans les plans inclinés en remblayage, des dispositions sont prises pour arrêter les dérives de wagons.

Art. 67.

Il est interdit aux ouvriers de la recette supérieure de placer les wagons sur les rails des plans inclinés ou de les disposer de façon qu'ils puissent aisément passer sur les rails, avant d'avoir accroché les wagons au câble, à moins que le plan ne soit muni de diopositifs de nature à empêcher la marche en dérive des wagons non attelés.

Il est interdit aux ouvriers de la recette inférieure ou des recettes intermédiaires de se tenir dans le plan ou au fond du plan pendant la circulation des wagons ; ils doivent se placer soit dans une galerie transversale, soit, à défaut, dans des abris spéciaux disposés à cet effet.

Il est défendu de circuler par les wagons ou chariots-porteurs des plans inclinés et des descenderies, à moins d'une autorisation du service local fixant les conditions de la circulation.

Cette interdiction ne s'applique pas au transport des malades et des blessés.

ART. 68.

A moins que la communication à la voix ne donne lieu à aucune incertitude, tout plan incliné doit être muni de moyens spéciaux de communication entre les diverses recettes et le freineur ou le mécanicien, et inversement.

Une consigne fait connaître les signaux à employer suivant les cas. .

ART. 69.

Il est interdit de circuler sur les plans inclinés à chariot-porteur autrement que pour les traverser.

Sur les autres plans inclinés affectés au roulage, la circulation est réglée par une consigne approuvée par l'ingénieur en chef des mines.

La même consigne fixe les conditions dans lesquelles on peut traverser les plans.

ART. 70.

Lorsqu'un wagon a déraillé ou est arrêté par un accident quelconque, les mesures nécessaires seront prises par les freineurs ou mécaniciens, ainsi que par les receveurs d'amont, pour qu'il ne puisse se mettre en marche de lui-même ; la mise en mouvement ne doit avoir lieu qu'après que tous les hommes employés au relevage et à la manœuvre seront en sûreté.

ART. 71.

Dans les plans dont l'inclinaison est supérieure à 45 degrés, on ne peut procéder à des travaux de réparation que sur des planchers ou à l'aide d'une ceinture de sûreté.

Art. 72.

Lorsque le personnel devra circuler normalement par des voies inclinées à plus de 25 degrés, ces voies, si elles ne sont pas taillées en escaliers ou munies d'échelles, doivent être munies d'un câble ou d'une baxe fixe pouvant servir de rampe.

Si l'inclinaison dépasse 45 degrés, les voies seront munies de paliers de repos.

ROULAGE EN GALERIES

Roulage.

Art. 73.

Des mesures doivent être prises pour que les wagons en stationnement dans les galeries ne partent pas en dérive et que les wagons en marche ne prennent pas une vitesse dangereuse.

Art. 74.

Il est interdit aux rouleurs de se mettre en avant de leurs wagons pour en modérer la vitesse dans les voies en pente, ainsi que d'abandonner les wagons à eux-mêmes sur de pareilles voies.

Dans les galeries basses, les rouleurs doivent manœuvrer les wagons à l'aide de crochets, de poignées en fer ou tout autre dispositif qui puisse garantir leurs mains contre des blessures.

Art. 75.

Il est interdit de monter sur les wagons des trains affectés au transport du charbon ; exception peut être faite pour le personnel des trains par une consigne de l'ingénieur de la mine.

Lorsque le personnel est transporté par wagons isolés ou en trains, une consigne de l'exploitant, approuvée par l'ingénieur en chef des mines, fixe les mesures à observer pour le bon ordre et la sécurité.

Art. 76.

Sauf dans les galeries éclairées en permanence, une lampe doit être placée à l'avant du train, à moins que le conducteur ne doive précéder le train avec une lampe à la main.

3

ART. 77.

Il est interdit de remettre sur rails un wagon déraillé avant d'avoir dételé le cheval ou, en cas de traction mécanique, avant d'avoir obtenu l'arrêt du moteur.

ART. 78.

Dans les galeries où le roulage s'effectue, soit par chevaux, soit par un moyen mécanique quelconque, et qui ne sont pas assez larges pour qu'on puisse se garer sûrement sur l'accotement, on doit ménager dans les parois, à des intervalles qui ne dépassent pas 50 mètres, des refuges où deux personnes puissent s'abriter ; ces refuges sont toujours tenus dégagés.

ART. 79.

Dans les galeries à traînage par chaînes ou câbles, la circulation du personnel ne peut avoir lieu, quand le roulage fonctionne, que par un passage de 0^m,60 de largeur au moins. Des signaux doivent être disposés de manière qu'on puisse communiquer avec le machiniste d'un point quelconque du trajet.

MACHINES ET CABLES

ART. 81.

Les dispositions des articles 15, paragraphe 1, 18, 19 et 20 sont applicables aux installations du fond comme à celles du jour. Celles des articles 13, paragraphe 1 et paragraphe 2, 15, paragraphe 3 et paragraphe 4, sont en outre applicables aux machines fixes installées au fond à demeure, telles que pompes d'épuisement, compresseurs fixes, treuils de puits intérieurs.

ART. 88.

Les appareils servant à l'extraction, tels que les cages, les freins et les parachutes, doivent faire l'objet d'un examen attentif et journalier.

Chaque jour, avant la descente normale du personnel, il est fait une cordée d'essai à pleine charge dans chaque sens entre les recettes extrêmes en service. Pendant ces cordées d'épreuves, les indicateurs de position des cages seront vérifiés et les câbles examinés.

Si quelque défaut est révélé, la circulation du personnel ne peut commencer avant qu'il y ait été porté remède.

Une visite détaillée des câbles et des appareils servant à l'extraction avec essai de parachute, est faite une fois au moins par semaine par un agent compétent, qui consigne les résultats de sa visite sur le registre spécial prévu à l'article précédent.

Art. 89.

Tout câble servant à la circulation normale du personnel est assujetti aux prescriptions suivantes :

1° Le câble doit avoir subi au préalable des essais de rupture par traction ; les fils des câbles métalliques doivent en outre avoir été soumis à des essais appropriés, notamment à des essais de flexion ;

2° On doit procéder, une fois tous les trois mois pendant la première année et une fois tous les deux mois pendant les années suivantes, au coupage de la patte sur une hauteur d'au moins 2 mètres. La partie coupée sera examinée et, s'il s'agit d'un câble métallique, un tronçon en sera décâblé pour l'examen de l'état des fils ;

3° Après chaque coupage réglementaire de la patte, on procède, dans le plus bref délai possible, à un essai de rupture par traction sur une partie saine du bout coupé, et, en outre, s'il s'agit d'un câble métallique, à de nouveaux essais de flexion sur les fils.

Toutefois, lorsque la cordée normale ne comprend pas plus de quatre personnes, les essais prévus au 3° ne sont pas obligatoires. (Décret du 25 septembre 1913).

Art. 90.

Un câble métallique servant à la circulation normale du personnel ne doit pas travailler à aucune époque sous une charge supérieure à un sixième de sa résistance constatée par les essais de traction ; il est d'ailleurs retiré du service lorsque les essais de flexion montrent que les fils n'ont plus la flexibilité suffisante.

Un câble en textile servant à la circulation normale du personnel ne doit travailler à aucune époque sous une charge supérieure à un quart de sa résistance constatée par les essais de traction ; il est d'ailleurs retiré du service lorsque sa résistance accusée par les essais s'abaisse au-dessous de 400 kilogrammes par centimètre carré de la section transversale.

Lorsque, par application du dernier alinéa de l'article 89, on ne procède pas aux essais périodiques sur les bouts coupés, le câble ne doit travailler à aucune époque sous une charge supérieure à un huitième de sa résistance à l'état neuf s'il s'agit d'un câble métallique, ou à un sixième de la même résistance s'il s'agit d'un câble en textile. Le câble ne peut être employé à la circulation normale du personnel que s'il n'a pas plus de deux ans de service. (Décret du 25 septembre 1913).

ART. 92.

Par exception, les câbles du système Koepe servant à la circulation normale du personnel ou à l'extraction, ne sont pas assujettis aux dispositions des articles 89, 90 et 91, sauf au 1° de l'article 89 qui demeure obligatoire. Ils ne doivent travailler à aucune époque sous une charge supérieure à un septième de leur résistance à l'état neuf, et ils ne peuvent être employés à la circulation normale du personnel que s'ils n'ont pas plus de deux ans de service. (Décret du 25 septembre 1913).

ART. 93.

Tout câble doit, avant d'être mis en service pour la circulation normale du personnel, avoir été essayé pendant vingt voyages au moins à pleine charge et avoir été reconnu en bon état.

Après chaque coupage de la patte ou chaque renouvellement de l'attelage, le câble doit faire, avant d'être remis en service pour la circulation du personnel, quatre voyages d'épreuves au moins à pleine charge et être reconnu en bon état.

Les câbles épissés doivent, avant d'être remis en service, être essayés pendant vingt voyages au moins à pleine charge ; après cet essai, le bon état de l'épissure doit être constaté, mention en est faite au registre prévu à l'article 87. (Décret du 25 septembre 1913).

ART. 94.

Un câble rendu suspect par son état apparent, notamment s'il est métallique, par le nombre de ses fils cassés ou rouillés, ou par l'augmentation rapide du nombre de ses fils cassés, ne peut en aucun cas être maintenu en service.

En particulier, un câble métallique ne peut être maintenu en service pour la circulation normale du personnel s'il présente, dans une région quelconque, sur une longueur de deux mètres, un nombre de fils cassés dépassant le dixième du nombre total des fils.

Il est interdit d'employer, pour la circulation normale du personnel, un câble changé de face pour cause de fatigue. (Décret du 25 septembre 1913).

TRAVAIL AU CHANTIER

Art 96.

Dans tout chantier, ou dans tout travail fait simultanément par plusieurs ouvriers, le chef de chantier ou, à défaut de chef de chantier, l'ouvrier le plus âgé doit, en cas de danger, faire évacuer le chantier, avertir immédiatement les agents de surveillance, et jusqu'à leur arrivée garder ou barrer l'entrée du chantier pour en interdire l'entrée.

Art. 97.

Les ouvriers ne doivent pas quitter leur chantier avant d'en avoir assuré la solidité.

Art. 98.

Tout chantier doit être visité par un surveillant au moins une fois pendant la durée du poste.

Tout chantier suspect est visité au moins deux fois par poste.

Art. 99.

Il est interdit de faire travailler isolément un ouvrier dans les points où, en cas d'accident, il n'aurait pas à très bref délai quelqu'un pour le secourir.

Art. 100.

Il est interdit aux ouvriers de parcourir, sans permission spéciale, d'autres voies que celles qu'ils ont à suivre pour se rendre au chantier ou pour exécuter leur travail.

Art. 101.

Dans les mines où l'emploi des lampes de sûreté est obligatoire, il est interdit de fumer et d'y apporter des pipes, du tabac à fumer, du papier à cigarettes, des allumettes ou tous autres engins et matières pouvant produire de la flamme ainsi que tout outil pouvant servir à ouvrir indûment les lampes.

Les surveillants et agents assermentés sont autorisés à visiter avant la descente du personnel les vêtements, papiers et sacs des ouvriers pour

constater que ceux-ci ne portent pas d'objets interdits par le présent article.

ART. 102.

Les chantiers doivent être organisés de façon que tous les ouvriers occupés à un même chantier se comprennent entre eux.

Tous les surveillants, employés et ouvriers occupés à des opérations intéressant la sécurité collective (encageurs pour le personnel, machinistes, etc.) doivent comprendre et parler couramment le français.

ART. 103.

Tout chef de chantier, tout ouvrier travaillant isolément doit connaître suffisamment le français pour comprendre son surveillant, à moins que ce surveillant ne puisse lui-même se faire comprendre clairement dans une autre langue de ce chef de chantier ou de cet ouvrier.

ART. 104.

Le soutènement doit être exécuté conformément à des règles générales fixées par l'exploitant, sans préjudice des mesures spéciales qui pourraient être nécessitées par l'état du chantier.

Les parties du front de taille où l'on continue à travailler après qu'elles ont été sous-cavées, doivent être convenablement consolidées ou soutenues.

ART. 105.

L'exploitation des couches de combustible doit être faite par remblai.

Les remblais doivent être effectués de manière à permettre une bonne organisation de l'aérage, Ils suivront le front de taille d'aussi près que possible.

Les galeries à abandonner doivent être remblayées avant leur délaissement toutes les fois que cela sera reconnu nécessaire.

Les remblais doivent être constitués de telle sorte qu'ils ne puissent donner lieu à des feux. En cas de remblayage hydraulique, les déchets de lavage et de triage peuvent être utilisés.

ART. 106.

Les chantiers ou galeries poussés vers des points où l'on peut craindre l'existence d'amas d'eau ou de remblais aquifères doivent être précédés de trous de sonde divergents de 3 mètres de longueur au moins.

Si des dégagements de gaz inflammables sont à redouter, les ouvriers doivent être munis de lampes de sûreté.

ART. 107.

Dans les chantiers où les ouvriers sont exposés à être mouillés, des vêtements imperméables sont mis à la disposition de chacun d'eux.

ART. 108.

Sauf en cas de nécessité absolue, le travail est interdit dans les chantiers dont la température atteint 35 degrés au thermomètre sec ou 3o degrés au thermomètre mouillé.

ART. 109.

Dans les chantiers de perforation mécanique en roches dures, des mesures doivent être prises pour protéger les ouvriers contre le danger des poussières.

Dispositions générales.

ART. 110.

Tous les ouvrages souterrains accessibles aux ouvriers doivent être parcourus par un courant d'air régulier, suffisant pour déterminer l'assainissement, éviter toute élévation exagérée de température et garantir contre tout danger provenant des gaz nuisibles ou des fumées, dans les circonstances normales de l'exploitation.

A moins d'une dérogation accordée par le service local, la vitesse de l'air dans les puits et galeries ne peut dépasser 8 mètres par seconde, sauf dans les puits et dans les travers-bancs ou dans les retours d'air principaux qui ne servent pas normalement au transport des produits ou à la circulation du personnel.

ART. 111.

Les puits et galeries servant au parcours de l'air doivent rester en bon état d'entretien et être toujours facilement accessibles dans toutes les parties.

ART. 115.

Les travaux doivent être disposés de manière à réduire le nombre des portes pour diriger ou diviser le courant d'air.

Dans les galeries très fréquentées, on ne doit employer que des portes multiples, convenablement espacées ; des mesures doivent être prises pour que l'une au moins de ces portes soit toujours fermée.

Il en est de même pour toute porte dont l'ouverture intempestive pourrait apporter des perturbations dans un ou plusieurs des courants d'air principaux.

Les portes doivent se refermer d'elles-mêmes.

Celles qui sont temporairement sans usage doivent être enlevées de leurs gonds.

Il est interdit de caler dans la position d'ouverture une porte d'aérage en service, sauf pendant la durée du passage d'un convoi.

Toute personne qui a ouvert une porte doit la refermer ; au cas où une porte ouverte ne peut être refermée, les agents de la surveillance doivent en être avertis.

ART. 118.

Les voies et les travaux abandonnés, ou non aérés, doivent être rendus inaccessibles aux ouvriers.

Dispositions spéciales aux mines à grisou.

ART. 119.

Les mines à grisou sont classées comme mines franchement grisouteuses ou comme mines faiblement grisouteuses.

Ce classement est décidé par le service local, l'exploitant et le délégué à la sécurité des ouvriers mineurs entendus.

Il est fait par siège d'extraction ou par quartier indépendant, étant réputés quartiers indépendants ceux n'ayant de commun, au point de vue de l'aérage, que les voies principales d'entrée et de sortie d'air.

ART. 122.

Les cloches se produisant aux toits des chantiers et galeries seront soigneusement remblayées, à moins qu'elles ne soient convenablement aérées et qu'elles ne soient visitées.

Dans les mines franchement grisouteuses, les remblais doivent être aussi imperméables que possible à l'air et serrés contre le toit.

ART. 124.

Toute mine faiblement grisouteuse doit être munie d'un ventilateur au moins ; le ventilateur ne peut être arrêté que sur l'ordre et suivant les conditions fixées par l'ingénieur de la mine.

Art. 125.

Tout arrêt accidentel d'un ventilateur doit être immédiatement signalé à l'ingénieur de la mine ou, en son absence, à l'agent de la surveillance le plus élevé en grade présent à la mine, qui prend immédiatement les mesures nécessaires pour assurer la sécurité du personnel et fait. s'il y a lieu, évacuer la mine. Si la mine a été évacuée, la rentrée des ouvriers ne peut avoir lieu que sur l'ordre et dans les conditions fixées par l'ingénieur de la mine, le tout sans préjudice des dispositions prévues à l'article 130 ci-après.

Lorsque la ventilation mécanique a été suspendue plus d'une heure pendant un chômage de l'exploitation, la rentrée du personnel aura lieu dans les conditions prévues au paragraphe précédent.

Art. 130.

Tous les chantiers des mines franchement grisouteuses doivent être visités tous les jours, avant la reprise du travail, à la lampe de sûreté à flamme.

Dans les mines faiblement grisouteuses, cette visite peut n'être faite que le lendemain des jours de chômage ou après un arrêt de la ventilation.

Les visites sont faites par un agent spécialement désigné, dans les conditions fixées par une consigne de l'ingénieur de la mine.

Cette consigne indique, s'il y a lieu, les points que les ouvriers ne peuvent franchir avant que la visite ait été effectuée. Ces points sont indiqués dans la mine par des marques apparentes.

Les résultats de la visite sont consignés dans des registres spéciaux.

Art. 131.

Les prescriptions de l'article 130 relatives aux mines faiblement grisouteuses, doivent dans les mines non grisouteuses être appliquées aux quartiers suspects. Sont considérés notamment comme suspects les travaux se dirigeant vers des régions mal connues ou connues comme dangereuses.

Art. 132.

Sauf pour l'exécution des travaux indispensables en cas de sauvetage ou de danger imminent, il est interdit de travailler, de circuler ou de séjourner dans les points de la mine où le grisou marque à la lampe d'une façon dangereuse.

Est, en tout cas, considérée comme dangereuse une teneur en grisou supérieure à 2 °/$_c$.

Une consigne de l'ingénieur de la mine fixe les indications de la lampe d'après lesquelles le chantier doit être évacué.

Si, en cas de sauvetage ou de danger imminent, il est nécessaire de travailler dans le grisou, les travaux ne peuvent être exécutés que d'après les indications directes de l'ingénieur par des ouvriers de choix, sous la surveillance et en la présence continue d'un préposé spécial.

ART. 133.

Les ouvriers sont tenus de surveiller l'état de l'atmosphère de leur chantier, notamment à chaque reprise du travail. Si le grisou marque à la lampe d'une façon dangereuse, ils évacuent immédiatement le chantier et avertissent les agents de la surveillance.

Lorsqu'il est fait usage de lampes électriques portatives, il est mis à la disposition des ouvriers une lampe de sûreté à flamme par chantier.

ART. 134.

Des mesures immédiates doivent être prises pour assainir tout chantier où la présence du grisou a été signalée en quantité dangereuse.

Jusqu'à ce qu'il ait été assaini, l'accès du chantier est interdit par une fermeture efficace.

En attendant que cette fermeture ait pu être posée, l'accès est interdit par deux bois placés en croix.

Nul, sans ordre spécial, en dehors des ingénieurs et surveillants, ne peut pénétrer dans un chantier interdit.

ART. 135.

Lorsque les chantiers sont dirigés vers d'anciens travaux ou vers des régions dans lesquelles on peut craindre des amas de grisou, ils doivent être précédés de sondages.

Dans le cas où le trou de sonde dénote la présence du grisou, les ouvriers arrêtent le travail, évacuent le chantier en plaçant à son entrée le signal d'interdiction, et préviennent un agent de la surveillance.

ART. 136.

Les accumulations accidentelles de grisou ne doivent être dissipées qu'avec la plus grande prudence et seulement lorsqu'on a la certitude de ne pas créer un danger sur le parcours de sortie. L'ingénieur de la mine dirige lui-même ces opérations ou délègue un surveillant pour les faire exécuter d'après ses instructions.

Art. 137.

Le nombre des chantiers simultanément en activité sur un même courant d'air doit être en rapport avec leur production, le volume d'air et le dégagement du grisou ; le retour d'air d'aucun chantier ne doit tenir plus de 1 1/2 °/₀ de grisou pour les courants exclusivement affectés à l'aérage de travaux de traçage, et 1 °/₀ pour tous autres courants d'air.

Art. 138.

Les jaugeages du courant d'air doivent être effectués à des intervalles d'un mois au plus.

Ils doivent être renouvelés dès que, par suite d'un nouveau percement, d'une modification dans les portes ou pour toute autre cause, il s'est produit ou il a pu se produire une modification importante dans la direction, la distribution ou la répartition de quelqu'une des branches principales du courant d'air.

Les jaugeages sont faits à l'entrée et à la sortie de la mine, à l'origine et à l'extrémité de chacune des branches principales du courant, et immédiatement en avant et en arrière des chantiers ou groupes de chantiers.

Les jaugeages autres que ceux concernant les chantiers sont effectués dans des stations à ce disposées.

Les résultats des jaugeages sont consignés à leur date sur le registre d'aérage.

Art. 139.

La teneur en grisou des retours d'air est relevée quotidiennement dans les mines franchement grisouteuses et au moins une fois par semaine dans les mines faiblement grisouteuses au moyen d'un indicateur donnant des résultats immédiats. Ces résultats sont contrôlés au moins une fois par mois au moyen d'un appareil de dosage. Les teneurs en grisou sont consignées à leur date sur le registre d'aérage.

Les indicateurs sont d'un type agréé par le Ministre des Travaux publics.

Art. 140.

Aucune modification ne peut être introduite dans les dispositions générales de l'aérage d'une mine sans l'ordre de l'ingénieur.

Toutefois, en cas d'urgence, les agents de la surveillance peuvent prendre les mesures immédiates nécessaires en en référant de suite à l'ingénieur.

Il est interdit d'obstruer entièrement ou partiellement un courant d'air.

DISPOSITIONS SPÉCIALES
CONTRE LES POUSSIÈRES

Poussières.

Art. 141.

Les mines de combustibles sont classées en trois catégories suivant les dangers qu'elles présentent en raison des poussières. Le classement est décidé par le service local, l'exploitant et le délégué à la sécurité des ouvriers mineurs entendus. Il est fait par siège d'extraction ou par quartier indépendant.

Art. 142.

Les dispositions prévues pour la ventilation des mines faiblement grisouteuses par l'article 124 ainsi que les dispositions des articles 126 et 128 sont applicables aux mines poussiéreuses des première et deuxième catégories.

Dans ces mines, des dispositions doivent être prises pour éviter qu'une explosion de poussières se produisant dans un quartier puisse se propager dans un autre. Chaque quartier doit comprendre un nombre de chantiers aussi restreint que le permettent les conditions de la mine.

La détermination des quartiers et les mesures à prendre pour les isoler font l'objet d'une consigne établie par l'exploitant et soumise à l'approbation de l'ingénieur en chef des mines.

Il doit être procédé, en outre, tous les trois mois au moins, à l'enlèvement des poussières charbonneuses accumulées dans les galeries principales de roulement. (Décret du 25 septembre 1913).

Art. 143.

Dans les mines poussiéreuses de première catégorie, l'emploi de wagons à parois non étanches est interdit pour le transport du charbon ; en vue d'éviter la dissémination des poussières, les wagons chargés de charbon doivent être arrosés avant de circuler dans les voies principales de roulage.

ÉCLAIRAGE

Dispositions générales.

Art. 144.

Dans les mines grisouteuses et dans les mines poussiéreuses de première catégorie, ainsi que dans les quartiers suspects visés à l'article 131, il ne peut être fait usage que de lampes de sûreté ; toutefois, sauf dans les mines à dégagements instantanés de grisou, l'emploi de lampes à flamme protégée est autorisé dans la colonne et aux recettes des puits d'entrée d'air.

Art. 145.

Dans les mines non grisouteuses, à défaut de lampes de sûreté, il ne peut être fait usage que de lampes à flamme protégée. A tout siège d'extraction desdites mines, il doit y avoir au moins deux lampes de sûreté à flamme en bon état.

Prescriptions spéciales concernant l'emploi des lampes de sûreté.

Lampes de sûreté.

Art. 146.

Les lampes de sûreté doivent être conformes à un des types agréés par le Ministre des Travaux publics.

Art. 147.

Les lampes de sûreté doivent être construites en matériaux de première qualité, parfaitement ajustées et constamment entretenues en bon état.

Elles sont munies de fermetures telles que leur ouverture en service ne puisse avoir lieu sans rompre ou fausser tout ou partie des organes et sans en laisser des traces apparentes.

Pour les lampes à essence, le réservoir doit être garni d'ouate et le remplissage effectué de manière que la lampe remise à l'ouvrier ne laisse pas égoutter d'essence quand on la renverse.

ART. 148.

Le service de la lampisterie doit être assuré par des agents expérimentés et faire l'objet d'une surveillance constante et rigoureuse.

ART. 149.

Chaque lampe porte un numéro distinct.

Avant la descente, la lampe est remise par le lampiste, et sous sa responsabilité, en parfait état, garnie et dûment fermée.

Toute personne qui reçoit une lampe doit s'assurer qu'elle est complète et en bon état ; elle doit refuser celle qui ne paraît pas remplir ces conditions.

ART. 150.

Un agent spécialement désigné vérifie l'état de chaque lampe après la remise par le lampiste et avant l'entrée dans les travaux.

ART. 151.

Un contrôle tenu à la lampisterie, sous la responsabilité du lampiste, doit permettre de connaître le nom de toute personne descendue dans la mine et le numéro de la lampe qui lui a été remise.

ART. 152.

Toute ouverture ou tentative d'ouverture des lampes de sûreté est formellement interdite dans les travaux.

Une lampe éteinte dans la mine, si elle ne peut être rallumée par un rallumeur intérieur, doit être, soit échangée contre une lampe allumée, soit rallumée à la lampisterie au jour ou dans des postes souterrains fixés par une consigne qui doit avoir été approuvée par l'ingénieur en chef des mines.

ART. 153.

Toute lampe qui est détériorée pendant le travail ou dont le tamis vient à rougir doit être immédiatement éteinte et rapportée pour être échangée.

ART. 154.

Inscription immédiate doit être faite de tout échange de lampe.

ART. 155.

Les lampes ne doivent jamais être abandonnées dans les chantiers, même momentanément.

Art. 156.

Il est interdit de rallumer une lampe à l'aide d'un rallumeur intérieur lorsque l'on n'est pas certain de l'absence du grison et du bon état de la lampe.

Art. 157.

Au sortir de la mine, les lampes sont remises au lampiste qui relève et signale les défectuosités.

Quiconque ne rend pas au lampiste la lampe que celui-ci lui a remise, le prévient des causes et conditions du changement.

Précautions à prendre pour l'emploi de l'essence.

Art. 160.

Le nettoyage et le remplissage des lampes ne peuvent être effectués dans le même local.

Les locaux de remplissage doivent être écartés d'au moins dix mètres du bâtiment du puits ou des bâtiments y attenant. Ils sont séparés des locaux de dépôt ainsi que de ceux où s'opère la distribution des lampes aux ouvriers.

Ces locaux doivent être convenablement aérés ; il ne doit s'y trouver ni feu ni foyer ; il est interdit d'y fumer. Leur éclairage ne peut avoir lieu que par des lampes de sûreté ou des lampes électriques à incandescence.

La disposition de ces locaux doit permettre au personnel de les évacuer immédiatement et sans difficulté en cas de danger.

Les bâtiments où s'effectuent le nettoyage et le remplissage des lampes doivent être construits en matériaux incombustibles.

Art. 161.

La reprise de l'essence au dépôt et son transport au local de remplissage ne peuvent s'effectuer qu'à la lumière du jour, à moins que ce transport ne se fasse par une tuyauterie continue.

Art. 162.

L'essence conservée dans les locaux de remplissage ne peut être contenue que dans des récipients métalliques à fermeture hermétique d'une capacité maximum de 50 litres.

Dans tous les cas, ces dispositions doivent être prises pour que le remplissage des lampes ne donne lieu à aucune perte d'essence.

ART. 163.

Le démontage, le nettoyage, le graissage et le remontage des rallumeurs ne doivent pas être faits à la même table que le remplissage et la fermeture des réservoirs des lampes.

Les bandes de rallumeurs usés doivent être jetées dans les récipients pleins d'eau.

EXPLOSIFS

ART. 164.

La distribution des explosifs et des détonateurs dans la mine doit être effectuée conformément à une consigne de l'exploitant, qui ne peut être mise en application qu'après avoir été approuvée par l'ingénieur en chef des mines.

La même consigne, en tenant compte de la nature de l'explosif, fixe les précautions à prendre pour le chargement, le bourrage, l'amorçage et la mise à feu des coups de mine.

ART. 165.

Il est interdit de faire usage d'explosifs, de mèches de sûreté, de détonateurs, d'exploseurs et de bourroirs autres que ceux fournis par l'exploitant.

Les bourroirs doivent être exclusivement en bois.

ART. 166.

Il ne doit être remis aux ouvriers que la quantité d'explosifs et de détonateurs nécessaires au travail de la journée. Si des explosifs ou des détonateurs n'ont pas été utilisés à la fin de la journée, ils sont recueillis dans les conditions qui seront fixées par la consigne prévue à l'article précédent.

Il est interdit d'emporter à domicile des explosifs ou des détonateurs.

ART. 167.

Au chantier, les explosifs ne peuvent être conservés que dans des coffres fournis par l'exploitant et munis d'une fermeture solide. Les détonateurs doivent être renfermés dans des boîtes ou dans des étuis.

Il est interdit de mettre dans le même coffre des explosifs de nature différente. Les détonateurs doivent toujours être séparés des cartouches.

Les explosifs et les détonateurs doivent être tenus loin des lampes, de tous foyers, à l'abri de toute chute, des éboulements, de l'explosion, des coups de mine, de l'humidité et de tout choc violent.

Art. 168.

Les explosifs ne peuvent être employés qu'à l'état de cartouches préparées hors des travaux souterrains.

Les cartouches ne doivent être amorcées qu'au moment de leur emploi.

Toute cartouche amorcée et non utilisée doit être séparée de son amorce et mise en lieu sûr.

Art. 169.

Il est interdit d'abandonner sans surveillance ou sans barrage effectif du chantier un coup de mine chargé ou raté.

Art. 170.

Avant l'introduction de l'explosif, le trou de mine doit être débarrassé de toute poussière charbonneuse.

Les coups de mine doivent être soigneusement bourrés. Il est interdit de mêler des poussières charbonneuses au bourrage.

La hauteur du bourrage ne doit pas être inférieure à 20 centimètres pour les premiers 100 grammes de la charge, avec addition de 5 centimètres pour chaque centaine de grammes ajoutée, sans toutefois qu'il soit nécessaire de dépasser 50 centimètres.

S'il est fait usage d'explosifs détonants, la détonation de la cartouche est provoquée par une amorce assez énergique pour assurer la détonation de l'explosif, même à l'air libre.

Art. 171.

Aucun coup de mine, qu'il ait été allumé ou non, ne doit être débourré.

Art. 172.

A défaut de l'emploi de l'électricité, l'allumage des coups de mine doit se faire exclusivement au moyen du cordeau détonant au moyen de mèches de sûreté.

La longueur de la mèche à employer est fixée par une consigne de l'ingénieur de la mine, suivant la vitesse de combustion des mèches employées et le nombre de coups de mine à tirer simultanément. En aucun cas, la longueur de la mèche, comptée depuis l'avant de la cartouche antérieure, ne doit être inférieure à un mètre et la longueur de la mèche hors du trou à 20 centimètres.

Avant de laisser employer des mèches de sûreté, l'exploitant doit procéder à des essais lui permettant de s'assurer que ces mèches ne présentent aucune défectuosité dangereuse. Les essais sont effectués sur chaque fourniture et comportent la combustion d'au moins 1 o/oo des mèches de chaque lot. En aucun cas la vitesse de propagation de l'inflammation ne doit pas dépasser un mètre par minute.

Art. 173.

Aucun coup de mine ne peut être tiré sans que les ouvriers procédant au tir se soient assurés que tous les ouvriers du chantier ou des chantiers voisins pouvant être atteints par l'explosion, sont convenablement garés. Les mesures nécessaires doivent être prises pour arrêter en temps utile ceux qui s'approcheraient trop du chantier.

Après le départ du coup, un des ouvriers du chantier reviendra pour en constater les effets. S'il reste de l'explosif dans le trou de mine, le travail d'abatage ne peut être repris que sur l'ordre de l'ingénieur de la mine ou d'un surveillant.

Art. 174.

Le tirage simultané dans un chantier de plus de quatre coups de mine ne peut se faire qu'à l'électricité.

On ne doit pas laisser un coup de mine chargé au voisinage d'un autre coup, dont l'explosion pourrait l'enflammer.

Art. 175.

Lorsqu'un coup de mine qui n'a pas été tiré à l'électricité n'a pas fait explosion, le chantier est consigné pendant une durée d'une heure au moins.

Avis immédiat doit en être donné à un agent de la surveillance.

L'emplacement des coups ratés est repéré et le coup doit être dégagé avec les précautions prévues à l'article suivant.

Art. 176.

Les trous de mine faits en remplacement de coups ratés sont percés sur l'indication d'un surveillant ou d'un boutefeu qui donnera, s'il y a lieu, les instructions utiles aux ouvriers du poste suivant. Ils ne peuvent être placés qu'à une distance du premier telle qu'il existe au moins 20 centimètres d'intervalle entre l'ancienne charge et les nouveaux trous.

Il est également interdit de creuser un nouveau trou passant à moins de 20 centimètres d'un trou ayant fait canon ou d'un fond de trou, sauf quand on a la certitude qu'il n'y est pas resté d'explosifs.

L'enlèvement des déblais du second coup doit se faire avec les précautions propres à éviter la détonation des explosifs qui auraient pu être projetés.

Art. 177.

Il est interdit d'approfondir les trous ayant fait canon, ainsi que les fonds de trous restés intacts après l'explosion, d'en retirer les cartouches ou portions de cartouches non brûlées qui pourraient y être restées, ou d'en entreprendre le curage.

Art. 178.

Les trous qui ont fait canon ou les fonds de trous peuvent être rechargés, sous la réserve que l'opération soit effectuée par des ouvriers expérimentés, sous une surveillance spéciale, après un intervalle d'une demi-heure au moins. Une boule d'argile grasse doit être introduite au fond du trou et la nouvelle cartouche enfoncée très doucement, de manière à éviter tout choc.

Emploi des explosifs
dans les mines grisouteuses ou poussiéreuses.

Art. 179.

Dans les mines grisouteuses ainsi que dans les mines poussiéreuses de première et deuxième catégories et dans les quartiers suspects visés à l'article 131, l'emploi de la poudre noire est interdit.

Aucun autre explosif ne peut y être employé que sous les conditions fixées par un arrêté du Ministre des Travaux publics.

ART. 181.

Dans les mines grisouteuses et dans les mines poussiéreuses de première et deuxième catégories, le chargement et le bourrage des coups de mine ne peuvent être effectués que par des boutefeux spéciaux non intéressés dans le travail du chantier ou en leur présence et sous leur surveillance : l'allumage est fait exclusivement par les boutefeux. En cas d'éloignement trop grand d'un chantier, l'ingénieur de la mine peut désigner, par écrit, un ouvrier de choix pour faire fonctions de boutefeu dans le chantier où il est occupé.

Il est interdit dans les mêmes mines de confier des explosifs à des ouvriers ne remplissant pas les fonctions de boutefeu.

ART. 182.

Dans les mines grisouteuses, l'allumage des coups de mine ne peut avoir lieu qu'à l'électricité, à moins d'une autorisation du service local.

Aucun coup de mine ne peut être tiré avant que le boutefeu ou l'ouvrier en faisant fonctions ait constaté, par une visite minutieuse, l'absence de gaz.

Cette visite doit être faite immédiatement avant l'allumage de chaque coup ou le tir de chaque volée.

ART. 183.

Dans les mines poussiéreuses de première et de deuxième catégories, il est interdit de tirer plus d'un coup de mine à la fois autrement que par l'électricité.

INCENDIES SOUTERRAINS ET DÉGAGEMENTS INSTANTANÉS DE GAZ NUISIBLES

ART. 184.

Les salles de machines souterraines où se trouvent des appareils mus par la vapeur doivent être revêtues de matériaux incombustibles. Les ingrédients servant au graissage et au nettoyage n'y peuvent être conservés que dans des récipients métalliques ou dans des niches maçonnées avec portes métalliques. Les déchets gras ayant servi doivent être mis dans des boîtes métalliques et enlevés régulièrement.

Art. 185.

Les retours d'air des écuries, ainsi que ceux des dépôts de fourrages et d'explosifs, doivent être établis de façon qu'en cas d'incendie les gaz nuisibles puissent être évacués sans passer par aucun chantier en activité ou galerie fréquentée.

Si cette condition ne peut être remplie pour les écuries en raison de l'éloignement des puits d'entrée et de sortie d'air, ces écuries et leurs dépôts doivent pouvoir être hermétiquement clos par des portes incombustibles.

Art. 186,

Dans les mines habituellement sujettes à des feux spontanés, l'aérage doit être assuré dans les conditions prévues tant par l'article 124 pour les mines faiblement grisouteuses que par les articles 125, 126 et 127.

Des visites sont faites le lendemain des jours de chômage, avant la reprise du travail, en vue de constater l'absence d'incendie souterrain.

Des toiles ainsi que les matériaux nécessaires pour procéder rapidement à l'édification de barrages sont approvisionnés à la mine.

Art. 187.

Lorsqu'un incendie éclate au fond, tout ouvrier qui le constate doit, si possible, tenter de l'éteindre et prévenir dans le plus bref délai le surveillant le plus proche.

Si un feu vient à se déclarer dans une mine où les lampes de sûreté ne sont pas obligatoires, il est interdit de travailler dans le voisinage du feu avec des lampes autres que des lampes de sûreté. L'ingénieur de la mine fait indiquer par des écriteaux bien visibles les limites qu'on ne peut franchir sans employer ces lampes dans les conditions prévues pour les mines à grisou.

Art. 188.

L'installation de barrages et l'ouverture de régions précédemment isolées par des barrages ne peuvent être effectuées qu'en présence d'un surveillant.

Pour l'exécution de ces travaux, les ouvriers doivent être munis de lampes de sûreté et des mesures doivent être prises pour que les gaz qui pourraient se dégager ne puissent s'allumer dans le parcours du courant d'air.

Dans les mines qui disposent d'appareils respiratoires, une équipe de sauvetage se tiendra à proximité des travaux.

ART. 189.

Dans les mines à feux où il se dégage du grisou, les mesures nécessaires doivent être prises pour que, dans aucun cas, un courant d'air chargé de grisou en proportion dangereuse ne vienne en contact du front des barrages établis pour circonscrire des feux.

ART. 190.

Dans les mines à feux, l'état des barrages doit être vérifié par des tournées effectuées une fois par jour au moins, y compris les jours de chômage ; on devra s'assurer dans ces tournées que de nouveaux feux ne se sont pas déclarés.

ART. 191.

Toute mine doit disposer, au jour ou au fond, d'appareils d'extinction, entretenus constamment en bon état, permettant de combattre immédiatement tout commencement d'incendie souterrain. Des appareils doivent en tout cas être disposés au fond près des écuries ou des dépôts de fourrages.

ART. 192.

Dans les mines poussiéreuses de première et deuxième catégories, exploitées par puits, des conduites d'eau sous pression doivent être établies dans la colonne du puits d'entrée d'air, en prévision d'incendies accidentels.

Dans les mines à feux, ces conduites sont prolongées dans les galeries principales.

ART. 194.

Dans les mines ou quartiers de mines exposés à des dégagements instantanés d'acide carbonique, des visites sont faites avant l'entrée des ouvriers dans les conditions stipulées à l'article 130 pour les mines faiblement grisouteuses.

EMPLOI DE L'ÉLECTRICITÉ
DANS LES TRAVAUX SOUTERRAINS

ART. 198.

Dans tous les locaux où se trouvent des installations électriques de deuxième catégorie, on disposera en des endroits facilement accessibles des crochets isolants, des pinces isolantes ou tout autre matériel approprié pour porter secours à des personnes victimes d'un accident dû à l'électricité.

Salles de machines, sous-stations et postes de transformation.

Art. 205.

Des sacs ou seaux remplis de sable doivent être tenus en réserve dans les salles de machines et sous-stations diverses pour permettre l'extinction des incendies.

Art. 206.

Les locaux non gardés doivent être fermés à clé. Des écriteaux très apparents sont apposés partout où il est nécessaire pour prévenir les ouvriers de l'interdiction et du danger d'y pénétrer,

Traction par l'électricité.

Art. 211.

Dans les galeries où il est fait usage de la traction par l'électricité, le courant doit être coupé pendant la circulation à pied du personnel et pendant les travaux d'entretien, à moins que les conducteurs de prise du courant ne soient placés à 2^m,20 au moins de hauteur au-dessus du rail ou qu'ils ne soient protégés, exception faite des croisements ou bifurcations spécialement désignés sur place au personnel d'une manière très apparente.

L'interruption du courant n'est pas obligatoire lorsque la circulation à pied a lieu par un passage matériellement séparé des conducteurs aériens.

Tir électrique.

Tir électrique.

Art. 212.

Les courants de deuxième catégorie ne peuvent être utilisés pour le tir des coups de mines.

Art. 213.

Si le courant nécessaire au tir est emprunté au réseau général, des précautions seront prises pour que les fils d'allumage ne puissent être intempestivement mis en contact avec les canalisations du réseau.

Le circuit d'allumage doit comporter une prise de courant et un interrupteur coupant tous les fils de dérivation et maintenant automatiquement la coupure, sauf au moment du tir.

La prise de courant et l'interrupteur sont placés dans une boîte dont le boutefeu ou l'ouvrier préposé au tir auront seuls la clé.

Les fils d'allumage ne doivent être reliés à cette boîte qu'au moment du tir et en être détachés aussitôt après.

ART. 214.

S'il est fait usage d'exploseurs portatifs, l'organe de manœuvre doit être à la disposition exclusive du surveillant ou de l'ouvrier préposé au tirage qui ne le mettra en place qu'au moment d'allumer les coups.

ART. 215.

Il est interdit, dans l'intérieur d'un circuit d'allumage, d'employer la terre comme partie du circuit.

Dispositions spéciales aux mines à grisou.

ART. 217.

Dans les mines à grisou, il ne peut être fait usage que d'exploseurs d'un type agréé par le Ministre des Travaux publics.

Les exploseurs doivent être solidement construits et constamment entretenus en bon état.

HYGIÈNE DES CHANTIERS

Hygiène.

ART. 221.

Des mesures doivent être prises pour éviter la stagnation des eaux et l'accumulation des boues dans les chantiers et galeries.

ART. 222.

Il est interdit de souiller la mine par des déjections.

On ne peut s'exonérer au fond que dans des tinettes mobiles, dans des wagons ou dans des remblais que l'ingénieur des travaux a désignés comme suffisamment secs.

Les tinettes sont tenues en constant état de propreté.

Les tinettes et les wagons sont nettoyés au jour.

Art. 223.

De l'eau, de bonne qualité pour boisson, est mise à la disposition du personnel au fond et au jour. Pour le fond, une consigne de l'ingénieur de la mine indique, suivant les besoins, les conditions de la distribution.

Art. 224.

Toute mine doit être pourvue, au fond et au jour, des objets nécessaires pour faire aux blessés les petits pansements.

Tout siège d'extraction desservant des travaux où sont simultanément occupés, au poste le plus chargé, plus de vingt-cinq ouvriers, doit être pourvu d'un brancard au moins, approprié au transport des blessés et des malades.

Lorsque le nombre des ouvriers, au poste le plus chargé, dépassera cent, une salle destinée à recevoir les blessés et les malades et à leur donner les premiers soins est aménagée au jour.

Le transport des malades et blessés à domicile ou à l'hôpital doit, en outre, être assuré dans des conditions satisfaisantes.

Art. 225.

Toute personne en état d'ivresse doit être immédiatement expulsée de la mine et de ses dépendances.

ABBEVILLE. — IMPRIMERIE F. PAILLART

www.ingramcontent.com/pod-product-compliance
Lightning Source LLC
Chambersburg PA
CBHW060445210326
41520CB00015B/3855